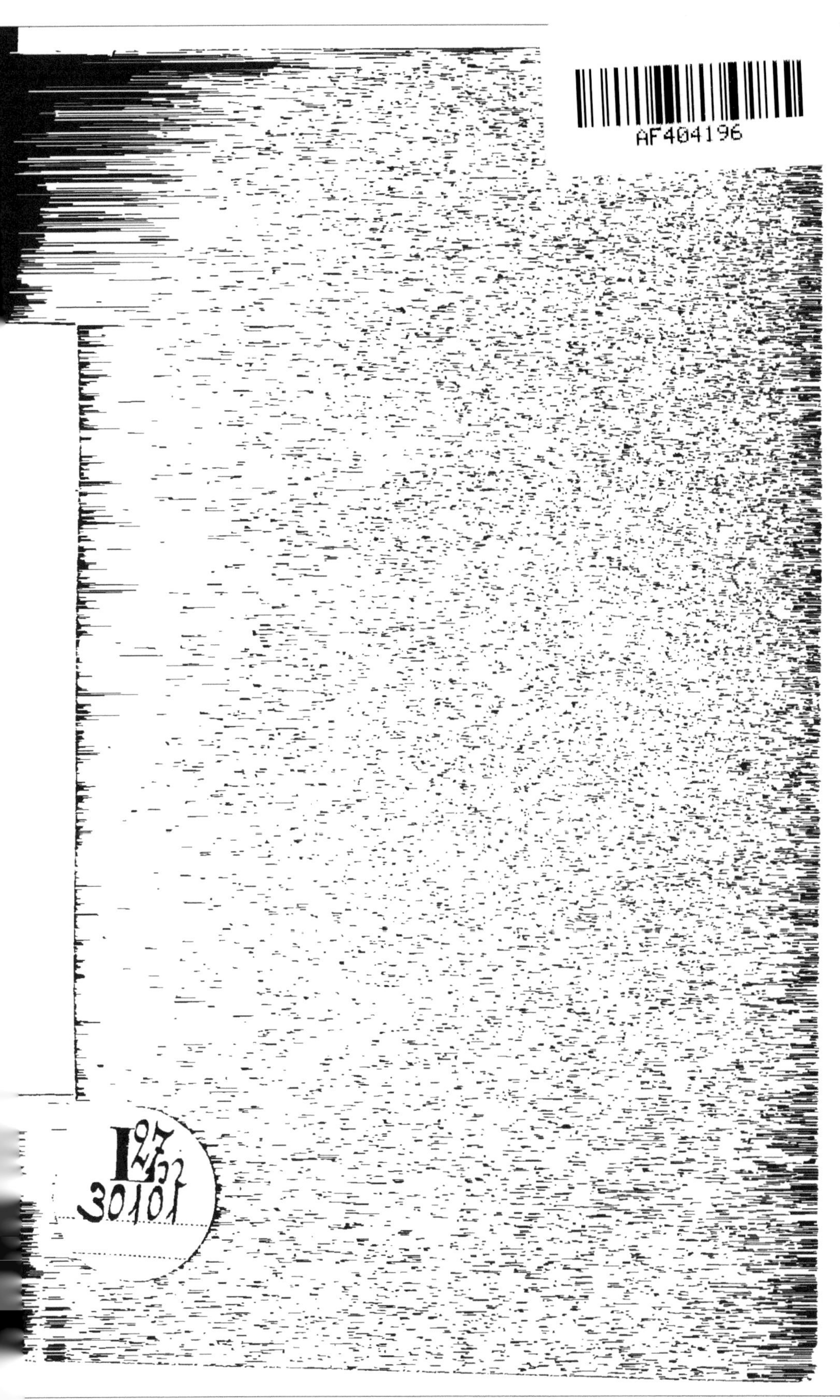
AF404196

LE
CHAMP-DU-FEU

OU

SOUVENIRS D'OBERLIN

PAR

S. AHNNE

PARIS

J. BONHOURE ET Cie, ÉDITEURS

48, RUE DE LILLE, 48

—

1877

LE CHAMP-DU-FEU

ou

SOUVENIRS D'OBERLIN

IMPRIMERIE D. BARDIN, A SAINT-GERMAIN.

OBERLIN.

LE CHAMP-DU-FEU

OU

SOUVENIRS D'OBERLIN

PAR

S. AHNNE

PARIS

J. BONHOURE ET Cⁱᵉ, ÉDITEURS

48, RUE DE LILLE, 48

—

1877

LE CHAMP-DU-FEU

ou

SOUVENIRS D'OBERLIN

I

> Au haut du Champ-du-Feu la nature fut d'une beauté incomparable ; un silence solennel régnait partout ; aucun vent, chose rare, ne se fit sentir ; les vallées étaient couvertes d'une blancheur éclatante ; les forêts de sapins semblaient être poudrées de frimas ; la neige glacée rejetait partout avec vigueur les rayons du soleil.
>
> (OBERLIN, *Annales* 1775.)

Oberlin !... Plusieurs d'entre vous, enfants, connaissent déjà ce 'nom, et peut-être le soir, alors que les petits oiseaux dorment sous la feuillée, que les fleurs ferment leurs corolles, ou, dans les longues veillées, quand le vent mugit au dehors, avez-vous, appuyant sur votre main

vos têtes blondes ou brunes, dit, d'un ton ca-
ressant, à ceux qui vous entouraient :

— Oh! répétez-nous une histoire de papa
Oberlin.

Cependant, j'entends plusieurs d'entre vous,
étrangers au Ban-de-la-Roche, l'agreste contrée
civilisée par celui dont nous parlons, dire :

— Nous ne savons pas exactement qui il était;
racontez-nous donc avant tout quelque chose
de son enfance ou de sa jeunesse.

— Soit; je le ferai d'abord pour vous être
agréable, ensuite parce que cela est nécessaire
pour que vous saisissiez les détails du petit
récit qui suivra cette courte notice.

C'était en 1740, — cela vous paraît bien
vieux, mais n'importe, — que, dans la bonne
ville de Strasbourg, un professeur du gymnase,
Jean-George Oberlin, disait à son épouse, en
considérant le nouveau-né que Dieu venait de
leur donner :

— Nous l'appellerons Fritz, et puisse-t-il être,
comme son nom l'indique, un enfant de paix!

Le lendemain, en effet, 1er septembre, quand
sonnaient les cloches de l'église Saint-Thomas,
le petit enfant fut doté du prénom de Jean-Fré-

déric, tandis que les eaux du baptême coulaient sur son front.

Quelle fut la première enfance d'Oberlin? Je ne sais, sinon que les douces caresses de sa mère — belle comme un ange, disait-on, et instruite comme un docteur — répondirent [à ses sourires, et que, s'il apprit de bonne heure à craindre et à respecter son père, le cœur maternel devint bien vite le refuge où s'abritèrent ses petits chagrins et ses précoces déceptions, alors surtout qu'il s'aperçut que sa mémoire ne serait pas heureuse, comme celle de son frère aîné, Jérémie, le savant philologue.

Le petit Fritz, plein de résolution, dès ses premiers pas dans l'étude, entreprit de dompter la rebelle, qui ne voulait le servir, ni pour une nomenclature, ni pour les plus simples règles de la grammaire, lesquelles lui offraient de terribles difficultés.

Ayant remarqué qu'il retenait mieux ce qu'il avait appris le matin que dans les heures de la journée, il essaya de se faire une règle de s'éveiller avec le chant du coq.

Mais, hélas! comme tant d'autres, il aimait fort à dormir le matin, et souvent ses paupières appesanties se refermèrent malgré lui. Alors l'enfant désappointé, presque en colère — colère contre lui-même — regardait avec dépit le soleil qui semblait se rire de lui, en éclairant de ses rayons brillants l'heure tardive de l'horloge.

Certes, il ne reculait devant aucun expédient quand une chose était bien arrêtée dans son esprit. Mais comment faire ? Prier quelqu'un de l'éveiller ? Non pas, car il était de ceux qui veulent se suffire à eux-mêmes.

— Où traînes-tu, je te prie, ces grandes bûches ? disait Mme Marie-Madeleine Oberlin à son fils Fritz, un soir de la mi-octobre.

— Oh ! mère, n'y prenez pas garde ; j'en ai besoin, je les soignerai.

Et, sans s'expliquer davantage, il les plaça dans son lit.

— A présent, dit-il à demi-voix, nous verrons bien qui sera le maître : le sommeil ou moi !

Chez l'enfant on pouvait déjà deviner l'homme énergique qui, en s'appuyant sur Dieu, vainquit les plus grands obstacles.

On n'était pas riche chez le père de notre jeune Fritz, et s'il ne tarda pas à être instruit dans les principes d'une vraie piété, d'un profond respect pour le bien d'autrui, d'un austère exercice de la bienfaisance, il le fut plus encore peut-être dans les règles d'une stricte économie, qui, par nécessité, était à l'ordre du jour dans la maison du professeur.

C'est qu'il en fallait du savoir-faire pour arriver à nouer les deux bouts de l'année avec le modique traitement du père, alors que six frères et deux sœurs prenaient place, avec Fritz Oberlin, autour de la table de famille.

Parfois, quand le cordonnier, le tailleur ou tel autre fournisseur, apportaient leurs notes, le professeur, ordinairement vif et enjoué, devenait triste, rêveur, préoccupé, mal à l'aise ; il comptait et recomptait le peu d'argent qu'il possédait.

— Mes enfants, disait-il alors de cet air imposant qui lui était propre, ma chère Madeleine, tous vous le savez, je voudrais acquitter ceci, à une obole près, mais je ne le puis.

Alors que faisait-on ? Sans perdre de temps, l'un ici, l'autre là, à qui mieux mieux, cherchaient leurs petits trésors, acquis pfennig par pfennig (3 centimes), et les plaçant dans la main du père :

— Voilà, prenez tout, tout !

Celui-ci hésitait, refusait d'abord :

— Mais les livres, le papier, avec quoi les achèterez-vous?

— Soyez tranquille, cher père, nous avons tout ce qu'il nous faut pour le moment, et nous saurons bien nous arranger pour l'avenir.

Cédant devant la nécessité, le professeur si ferme, si consciencieux, acceptait avec des larmes d'émotion, tandis que les enfants retournaient gaiement à leurs études.

Malgré les difficultés qu'il rencontrait, Fritz Oberlin étudiait, non parce que cela lui était imposé, mais parce qu'il aimait l'étude avec l'ardeur qu'y mettent les intelligences supérieures. D'ailleurs, comment résister au charme d'apprendre, quand, durant les longues soirées d'hiver, entourant la table massive, toute la famille était comme suspendue aux lèvres d'une lectrice qui, sans se lasser jamais, faisait passer toute son âme, comme toute l'ardeur de ses goûts littéraires, dans cette lecture captivante ? c'était la mère. Et lorsque sa sœur, Mme Linck, la traductrice en vers allemands d'un des chefs-d'œuvre de Corneille, venait apporter comme

un parfum de poésie à ces soirées charmantes,
comment notre Fritz aurait-il pu résister à l'in-
fluence de cet entourage, chez lequel l'esprit, le
cœur et l'intelligence dominaient tout?

Le père, nature un peu originale, comme le
fut plus tard son fils, n'aimait pas que, durant ces
soirées, les doigts de ses enfants fussent inac-
tifs. — Les filles, bien entendu, avaient toujours
assez à faire pour fournir de bas cette troupe
de garçons, — mais il est probable que ceux-ci
durent aussi apprendre à tricoter, et que c'est
dans la maison paternelle que Fritz Oberlin
acquit les habitudes laborieuses auxquelles il
resta fidèle toute sa vie. Pour varier les occupa-
tions, le dessin et les enluminures de gravures
étaient fort du goût de Jean-George Oberlin,
qui exigeait que ses enfants y missent le plus
grand soin, et ne se permissent jamais, même
dans l'emploi des couleurs, de ne pas imiter la
nature : il leur demandait l'exactitude dans les
plus petits détails. Mais il était, en dehors du
cercle de la famille, une récréation que le jeune
Fritz préférait à toute autre : c'était d'assister
aux manœuvres de la garnison.

Il ne se contenait dès qu'il entendait la musique militaire jouer ses gaies fanfares ; il l'accompagnait en tambourinant sur n'importe quoi, et, quand il parvenait à se glisser dans les rangs, il relevait fièrement sa petite tête, exécutait avec un sérieux comique les ordres donnés par les officiers, qui souriaient parfois de l'ardeur martiale qui animait le jeune garçon, et le laissaient faire.

Un jour que, revenant d'une revue, il traversait le marché de Strasbourg, l'œil en feu, le teint coloré, la démarche fière, il aperçoit une troupe de gamins qui, — pour s'amuser, — venaient de faire trébucher une paysanne portant une corbeille d'œufs sur sa tête. Celle-ci regardait avec consternation les œufs brisés, épars çà et là, et se lamentait, avec larmes, de sa perte.

Oberlin s'arrête, fixe avec indignation les mauvais drôles, et, d'un ton d'autorité, sans se laisser effrayer par leur nombre, ou leur air arrogant et ricaneur, leur adresse une exhortation dont le résumé était sans doute ceci : — Lâche, oui, lâche qui se laisse surmonter par le mal qui est en lui, et ne demande pas à Dieu de l'aider à surmonter le mal par le bien ; par le bien, je le répète, comme vous auriez dû le faire en aidant cette pauvre femme à décharger sa corbeille, plutôt qu'à profiter de son embarras pour la faire tomber.

— Attendez-moi un instant, dit-il à celle-ci.

Il court chez lui, il prend sa bourse, bien légère à la vérité, et donne jusqu'à son dernier centime.

On raconte encore qu'une autre fois, en passant près d'un magasin, il vit une femme si pauvrement vêtue, que le vent et la bise semblaient se jouer à travers la mince étoffe de sa robe. Elle examinait un vêtement vieux et grossier, mais chaud, dont elle demandait le prix.

Un triste regard accueillit la réponse de la marchande.

— Hélas ! il me manque deux sous, dit la pauvre femme. J'ai si froid ! Donnez-moi cette robe pour l'argent que voilà.

— Non, lui fut-il répondu d'un ton qui n'admettait pas de réplique.

Oberlin observait tout.

Il ne lui manque que deux sous à cette femme. Cette petite somme, il la possède, lui ;

mais elle est, bien sûr, destinée à hâter l'acquisi-
tion d'un livre convoité depuis longtemps. Ah !
l'incertitude ne peut être longue; ne se souvient-
il pas que sa mère s'est dépouillée, il y a peu
de temps, de ce que l'on pouvait bien appeler le
nécessaire, pour venir au secours d'une pauvre
famille ? Or lui, Oberlin, hésiterait ! Non, pas
plus aujourd'hui que demain, il ne calculera
avec les sacrifices.

Il glisse les deux sous dans la main de la marchande.

— Tenez, dit-il, rappelez-la. Puis, se déro-
bant à tout remerciement, il a cependant le temps
de voir un œil sombre et triste s'illuminer de
joie.

Laissons-nous encore aller au plaisir de raconter un autre petit trait de l'enfance d'O-
berlin.

Ses livres sous le bras, tout préoccupé d'une
version à faire et d'un mot qu'il ne peut retrouver, il traverse une ruelle écartée.

Un petit drôle, les cheveux en désordre, le
visage sale, les vêtements déguenillés, se
tient sur sa porte, méditant un bon coup à
faire.

Il avise notre Oberlin avec son profil caracté-
ristique et son air méditatif.

— A bas le chapeau ! monsieur le professeur,
crie notre gamin, en enlevant la coiffure du
pauvre étudiant.

— Vengez-vous, rossez-le comme il le mérite,
dit une femme, il s'en trouvera bien plusieurs
ici pour vous aider.

Oberlin considère son ennemi, voit qu'il est
de force à se mesurer avec lui, puis secouant
la tête :

— Non, non, cela ne se peut pas, pense-t-il,
cela ne serait pas chrétien, car la sainte Bible
dit : « Ne vous vengez-pas vous-mêmes, mes
bien-aimés. » Et, ramassant tranquillement
son chapeau dans la boue, il poursuit son
chemin.

Mais le voici arrivé à l'âge de quinze ans ; il
a enfin traversé toutes les classes du gymnase
et triomphé de toutes les difficultés que lui avait
offertes l'étude de la grammaire. Aussi, à la
fin de septembre 1755, il est reçu au nombre
des étudiants de l'université de Strasbourg, très-
renommée à cette époque, et trois ans plus tard
il était bachelier.

Alors aussi commença pour lui cette vie difficile et laborieuse des étudiants pauvres, obligés de donner des leçons pour subvenir eux-mêmes à leur entretien.

Cette nécessité avait son bon côté, en ce que l'on n'apprend jamais mieux qu'en enseignant. Certainement, si tous les aînés des familles comprenaient le bien qu'ils se feraient à eux-mêmes en instruisant les plus jeunes, ils ne seraient pas, pour la plupart, si récalcitrants à le faire.

Quant à Fritz Oberlin, il eut d'abord quelque peine à trouver des élèves ; les leçons qu'il donnait étaient peu payées et peu appréciées. Mais quand on vit avec quelle ardeur il enseignait, quel relief, quel attrait il savait mettre aux explications les plus ardues, on commença à parler de lui, et les familles riches lui confièrent leurs enfants. Jamais, cependant, les offres les plus avantageuses ne purent le déterminer à abandonner une tâche commencée, à laisser un enfant pauvre pour s'occuper d'un autre qui payait largement.

Cinq ans se passèrent encore en études pour lui-même, en études pour les autres ; puis, —

ah ! nous soupirons d'aise, nous qui nous effrayons parfois du long chemin qu'il faut faire pour arriver au but, — il fut fait docteur en philosophie, et tout décidé à devenir pasteur, quand Dieu l'appellerait à cette tâche.

— « Marcher devant la face de l'Éternel ! » voilà ma devise, disait-il.

Malgré tout, son ancien amour pour l'état militaire se faisait jour parfois encore dans son cœur, en sorte que son père qui, si souvent, avait fait jouer ses garçons à la petite armée, avec ce sérieux qu'il mettait à tout ce qu'il faisait, son père lui proposa de l'aider à entrer dans un régiment.

— Attendons, disait le jeune homme, car ma volonté doit être de faire celle de Dieu.

Espérant connaître plus tard cette volonté divine et voir clair dans son chemin, il entra comme précepteur chez un chirurgien distingué, M. Zeigenhagen, qui fut pour lui un ami et un protecteur.

Là, le jeune homme, fort indépendant de caractère, dut faire l'expérience que « le cœur de l'homme est désespérément mauvais et rebelle par-dessus toute chose, » car il se laissa parfois

aller avec ses élèves à une impatience qui dégé-
nérait en colère, et, ne pouvant se plier aux
exigences de Mme Zeigenhagen, mère trop indul-
gente, il résolut de quitter une maison où le
cercle de ses connaissances s'était considéra-
blement élargi et où, sous bien des rapports, il
s'était préparé à sa future vocation de pasteur
du Ban-de-la-Roche.

Il est donc libre, il a vingt-cinq ans ; à cet
âge, on est vraiment un homme ; il le sent. ⸱

Que va-t-il faire ? L'avenir s'ouvre devant lui ;
il pourrait chercher une place qui lui permît de
contenter une passion qui, jusqu'à ce jour, n'a
nullement été satisfaite : celle des lointains
voyages. Ou bien ce tambour qui résonne toujours à son oreille le conduira-t-il où tendaient
déjà les désirs de son enfance ?

— Ah ! sans doute, se disait-il, ce sera
cette dernière alternative, car voici une pro-
position qui me tente fort : devenir aumônier. Entrons en pourparlers, et terminons
l'affaire.

Cette affaire, elle paraissait s'arranger à mer-
veille, mais une voix, une de ces voix qu'il entendit si souvent dans le cours de sa vie, lui

disait : Ton champ de travail sera ailleurs. En effet, M. Stuber, qui avait commencé au Ban-de-la-Roche l'œuvre réformatrice qu'Oberlin acheva avec tant de foi et de persévérance, trouva en lui l'homme qu'il cherchait vainement depuis quelque temps.

II

C'est donc dans cette petite contrée des
Vosges, où Oberlin exerça son bienfaisant minis-
tère et son incessante activité, que nous allons
nous transporter.

Considérons l'agreste pays, enfermé dans un
repli de montagne, et comme séparé du monde
à cette époque, puis inclinons-nous devant
l'homme de Dieu, que nous venons de laisser
au début d'une carrière pastorale, qu'il poursuivit durant de longues années, dévoué, corps,
cœur et biens, à ses semblables, en faisant sortir
le Ban-de-la-Roche de la pauvreté, de l'igno-
rance, de la stérilité même.

Waldbach ou Waldersbach, l'un des cinq villages qui composaient la paroisse d'Oberlin, se
trouve situé au pied du Champ-du-Feu, montagne dont la pente ardue s'élève à plus de
mille mètres.

On s'est souvent demandé d'où vient ce nom
étrange de Champ-du-Feu ? Les uns — bien à
tort, car rien absolument ne paraît appuyer
cette supposition — ont cru voir, dans le plateau
aride qui couronne la montagne, les traces d'un
volcan éteint. D'autres, mieux avisés, pensent
que ce mot est une corruption de Champ-de-Fée,
conjecture qu'autorisent les légendes racontant
les hauts faits des sorcières et d'êtres qui n'ont
jamais existé. Ces légendes, qui se sont conser-
vées parmi la population actuelle du Ban-de-la-
Roche, étaient très-accréditées du temps d'Oberlin, et devenaient, pour les enfants et les per-
sonnes d'une intelligence faible, une source de
frayeurs et d'alarmes sans cesse renouvelées.

Mais, en attendant que nous montions au
Champ-du-Feu, entrons dans ce gracieux village
de Waldersbach, dont les chaumières sont dominées par le presbytère construit grâce aux
soins de M. Dietrich, et sous la surveillance de
ce Fritz, dont le nom est là, dans toutes les
bouches, sous celui de papa Oberlin.

Les voyons-nous ces toits de chaume, à demi
cachés sous les arbres des vergers ? Voulons-
nous parcourir ensemble ces prairies, aux eaux

si fraîches, si limpides ; nous baisser sur les
bords de ces ruisseaux pour cueillir ces myo-
sotis, que nulle part nous n'avons vus d'un
bleu plus pur, d'un aspect plus poétique? puis
nous pénétrerons dans cette demeure aux
abords riants, pour y faire connaissance avec
ses habitants. Souvenons-nous, jeunes amis,
que nous sommes en 1834, et que depuis six
ans Oberlin repose dans le cimetière de Fouday. Une femme, à l'air doux et bon, se tient
près d'un lit entouré de rideaux à carreaux
rouges et blancs, dans lequel une fillette gémit,
tourmentée par une toux opiniâtre. Cette femme
porte le bonnet de soie noire, orné sur le fond de
fleurs d'or tissées qui présentent la forme d'un
trèfle à quatre folioles ; il est garni d'un large
ruban moiré, posé sur le devant, et entourant la
coiffure pour former derrière un nœud dont les
bouts retombent ; sa robe de grisette permet de
voir ses bas bleus et ses sabots bien blancs ; un
ample tablier de mérinos noir, ainsi qu'un fichu
de même étoffe, qu'elle porte croisé sur la poi-
trine, complète son costume.

Une enfant d'une dizaine d'années, vêtue de
cotonnade, considère la malade avec tristesse,

tandis qu'un garçon, un peu plus âgé, paraît tout fier dans son costume neuf de toile bleue, bien que ses mains portent les traces évidentes de l'étoffe qui se déteint.

— Oh! soupire la petite alitée, si papa Oberlin vivait encore, il aurait indiqué, depuis longtemps, un bon remède pour guérir ma toux.

— Oui, oui, fit la mère toute pensive, et dire qu'il y a déjà plusieurs années qu'il nous a quittés pour aller rejoindre Mme Salomé, qui l'attendait depuis plus de quarante ans.

Salomé Vinter, la cousine d'Oberlin, en devenant sa femme, fut réellement son aide. Lors de la mort prématurée de cette fidèle épouse, il eut besoin de toute la force d'en Haut pour supporter cette perte. Louise Scheppler, tout en continuant d'être la servante du pasteur, devint comme la mère des jeunes enfants de ses maîtres, et dans la paroisse fit des prodiges de dévouement. Elle était connue sous le nom de « Grande Louise ».

— Crois-tu que, durant tout ce temps, continua la petite malade, heureuse d'être un peu distraite, crois-tu qu'elle se soit ennuyée au ciel, sans lui?

— Fidélité, ne sais-tu pas que l'on ne s'ennuie jamais là-haut, et que nous ne pouvons nous faire une idée du contentement que l'on éprouve d'y être avec Jésus.

L'enfant ferma pour quelques instants les yeux, comme pour mieux saisir et s'approprier les paroles de sa mère.

— Mais j'y pense, fit vivement celle-ci, j'ai oublié de te dire que Grande Louise est venue hier, pendant que tu dormais, et qu'elle m'a conseillé pour toi une tisane faite avec la pensée du Champ-du-Feu.

Les yeux de la malade s'ouvrirent tout grands et tout brillants d'espoir.

— Maman, il faut essayer. Mais qui pourra aller la cueillir ? c'est si loin ! Il y aurait bien Crains-Dieu de l'Heureuse, qui traverse le plateau, quand il va à Barr chez son fils ?

— Il en est revenu hier.

La petite parut tout anxieuse.

— Ne t'inquiète pas tant, Fidélité, dit le garçon en s'avançant près du lit. Paisible et moi irons bien volontiers; il jeta un regard à celle qu'il venait de nommer, comme pour lui dire : N'y consens-tu pas ?

—Oui, dit-elle en hésitant un peu, mais nous serons bien seuls; nous nous égarerons peut-être?

— Que non, fit-il; on ne se perd pas au Champ-du-Feu. Et son visage épanoui assurait qu'il était ravi de l'idée de faire une longue course et surtout d'avoir un jour de congé.

— Maman, irons-nous? hasarda-t-il, voyant que la mère était silencieuse.

— Qu'en dis-tu, Philémon? fit-elle à un homme assis près de la fenêtre, paraissant sommeiller, le visage dans les mains, les coudes sur les genoux.

— De quoi? dit-il, relevant la tête et repoussant en arrière son bonnet de coton noir, terminé en pointe.

— Que les enfants aillent demain au Champ-du-Feu chercher des pensées pour guérir Fidélité ; c'est Grande Louise qui m'a prescrit cela.

— Je n'y vois pas de mal, si cela te plaît. Chrétien part à l'aube pour faire des fagots au bois des Huttes ; c'est une occasion ; qu'ils s'arrangent pour monter avec lui.

La mère parut très-satisfaite de cette réponse ; aussi Fortuné, la voyant regarder la malade en souriant doucement, s'enhardit à dire :

— Alors, nous irons ?

— Oui, oui, à la garde de Dieu ; vous partirez de grand matin ; le lundi est un bon jour pour faire une course. Fortuné, tu auras bien soin de ta sœur ; vous ne vous amuserez pas ; vous ne vous querellerez pas.

— Philémon, mettront-ils plus de deux heures à monter ?

— C'est selon, c'est selon ! fit le père en bourrant sa pipe, avec la gravité d'un magistrat. Les enfants, ça ne marche pas vite ; on cueille une fleur ici, on coupe une branche là ; on regarde voler un oiseau; on attrape un papillon. Ils en peuvent mettre deux, comme quatre ou six.

Et afin, sans doute, de ne pas avoir à décider la grave question du moment de la rentrée à la maison, le père sortit, se dirigeant du côté de l'écurie.

— Eh bien, disons trois, reprit la mère ; une au moins pour cueillir les pensées, cela fait bien quatre ; puis, en redescendant, vous vous arrêterez à la Hutte, chez Délivrance, que vous saluerez de ma part ; c'est une de mes bonnes amies, vous le savez ; avant midi vous devez être de retour... Mais assez causé ; Paisible, il est temps d'apprêter le souper, et temps aussi, Fortuné, d'aller aider ton père à soigner les bêtes ; après le repas, vous vous coucherez.

— Sitôt ? dirent les deux enfants regardant le soleil encore sur l'horizon.

— Oui, afin d'être bien dispos demain. Fortuné, n'oublie pas de préparer ta petite hotte, car j'y mettrai du pain et quelques pommes sèches. Les enfants ont toujours faim, et l'air vif du Champ-de-Feu donne appétit. Si par hasard vous aperceviez le tabac sauvage (l'arnica), cueillez-en ; cherchez aussi l'angélique ; vous ne trouverez plus les pas-d'ânes, mais les gnaphales pieds-de-chats les remplaceront ; vous en découvrirez, sans doute, dans quelques pelouses sèches, bien exposées au soleil.

Et la mère, comme perdue dans un labyrinthe de plantes, énuméra une dizaine de noms parmi lesquels on remarquait : herbe à l'esquinancie, bec-de-grue, etc. Les enfants n'écoutaient plus ; ils étaient sortis tous deux pour exécuter les ordres donnés. Seule, la jeune malade, que les accès de toux avaient quittée pour un moment, remuait les lèvres, pour répéter des mots qui étaient pour elle de doux souvenirs d'école.

— Maman, dit-elle, qu'il était beau le temps où j'allais dire les herbes au poêle-à-tricoter ! quand serai-je guérie et irai-je de nouveau entendre Grande Louise ou Lydie, raconter les histoires des gravures?

Le poêle-à-tricoter était une espèce de salle d'asile, où filles et garçons apprenaient à tricoter, tout en répétant les noms des plantes qui croissent au Ban-de-la-Roche; surtout des plantes officinales dont Oberlin avait fait connaître l'usage. Une fois l'an, les enfants, réunis au temple, devaient, en présence de leurs parents, répéter ce qu'ils avaient appris en fait de botanique, et redire les récits bibliques en rapport avec des gravures qui leur avaient souvent été expliquées. Aujourd'hui encore cette coutume établie par le bon papa Oberlin subsiste.

— Dieu le sait, Dieu le sait, mon enfant ; bien que tu sois si jeune encore, tu dois apprendre la patience.

— La patience, dit la fillette d'un ton interrogateur, s'apprend-elle donc?

— Papa Oberlin le disait, en expliquant ce mot.

— Comment, maman, l'expliquait-il?

— C'est qu'être patient ou le devenir *c'est apprendre l'art de souffrir*.

— J'en sais quelque chose de ce métier-là, fit la petite en essayant de sourire, et je sais aussi que j'aimerais mieux faire des *bobines* du matin au soir que d'être ainsi toute la journée au lit.

Grâce à l'intervention de M. Legrand, une industrie avait été introduite dans la pauvre vallée des Vosges, en sorte que les bobines, dont parlait la fillette, étaient préparées pour les métiers à tisser, qui n'étaient pas mus par une force motrice mécanique, mais avec les bras.

— Si ta maladie, Fidélité, t'a donné le goût du travail, elle aura été pour toi un bienfait. Le bon Papa en savait long sur ce sujet. Quand j'y pense, oui, quand je pense à ce que j'ai vu de mes yeux, un jour que Grande Louise m'avait appelée pour l'aider, un jour où il y avait du grand monde au presbytère, des visites de

Strasbourg, un professeur, un savant, que sais-
je ?...

— Mais qu'as-tu donc vu, mère?

— On était à la fin du dîner, quand Papa,
de la voix forte dont il prêchait, dit : « Louise,
apporte mon tricotage. »

— Mais, fit-elle un peu embarrassée, en jetant
un coup d'œil aux messieurs engagés dans une
conversation bien intéressante, je pense... je
pensais... que vous laisseriez votre bas aujour-
d'hui.

— Fais, Louise, comme je te le dis; ce dont
parlent ces messieurs n'est pas pour moi.

— Et Grande Louise obéit sans doute, dit Fidélité qui paraissait prendre beaucoup d'intérêt
aux paroles de sa mère.

— Qui aurait osé dire non à papa Oberlin?
Il fit maille après maille, comme s'il eût été tout
seul.

En ce moment, le père et les enfants rentrè-
rent; la mère se rendit à la cuisine et apprêta
bientôt une soupe de pommes de terre, destinée à composer seule le repas du soir. Elle parut être du goût de chacun, car les assiettes

furent plusieurs fois remplies jusqu'au bord. Mais, avant de prendre cette bonne nourriture, les mains se joignirent. Paisible récita une prière, que Fortuné compléta par le premier verset du psaume CIII: « Mon âme, bénis l'Éternel et n'oublie aucun de ses bienfaits. »

Le lendemain matin les étoiles n'avaient pas toutes disparu du ciel que la mère examinait le temps.

— Il fera beau, dit-elle, en forme d'interrogation à son mari, debout près d'elle.

— C'est selon, c'est selon, on ne peut rien dire encore.

— Vos enfants sont-ils prêts? demanda un vieillard, en s'arrêtant à quelques pas de la porte.

— Oui, Chrétien, ils mangent une bouchée de pain. Fortuné! Paisible! appela-t-elle de façon à bien se faire entendre.

Tout joyeux, le frère et la sœur sortirent de la maison, la bouche pleine, les mains bien garnies.

— Dieu vous garde! exclama la mère en manière d'adieu.

— Soyez sages, ajouta le père.

Après avoir traversé le Chêne, nos petits amis gravirent le chemin pierreux qui conduit à Belmont, village situé à mi-côte du Champ-du-Feu.

L'air était vif; la rosée, qui tombait abondante, perlait l'herbe et les fleurettes des bords de la petite route, que l'on aurait pu prendre pour une ravine. Des champs semés, mi-partie de pommes de terre, mi-partie de seigle, s'étendaient sur le versant de la montagne, présentant l'aspect d'un immense damier aux carrés irréguliers.

Le compagnon de nos petits amis ne parlait guère, tirant de sa pipe de terre des bouffées de fumée qui, malgré leur parfum peu oriental, paraissaient le plonger dans une rêverie dont les enfants n'osaient le tirer.

Un incident cependant vint rompre le silence. Fortuné, apercevant des corbeaux dans un champ, saisit une pierre et la leur lança. Chrétien s'arrêta et le regardant d'un air sévère :

—Malheureux ! que fais-tu ? Va chercher cette pierre, vite ! ou gare !.... Ne crains-tu donc pas la punition des jeteurs de cailloux ?..—Tout confus, Fortuné se hâta, chercha longtemps et vint placer la pierre dans le chemin, se souvenant, un peu tard, de cette croyance, faussement répandue par Oberlin, qu'il faut, après la mort, venir réparer sur la terre les méfaits que l'on y a commis, et ramasser toutes les pierres jetées inutilement, comme rapporter tous les fruits sous l'arbre où on les avait volés.

—Avez-vous connu Oberlin? hasarda Paisible, n'osant regarder en face le vieillard, dont elle redoutait encore le mécontentement.

Il avait placé sa pipe dans sa poche, et, après avoir réfléchi pendant quelques minutes à ce que lui coûterait une première réponse :

— Tu demandes si je l'ai connu? Belle question! Serait-on de Waldersbach, si on ne l'avait pas vu, comme on a vu son père.

— Mais, lui, il n'était pas de notre village, poursuivit la fillette s'enhardissant.

— Cela n'a pas besoin de se dire. Est-ce dans notre pauvre village d'il y a quatre-vingts ans, qu'il aurait pu apprendre tout ce qu'il savait; prêcher de façon à en remontrer à tous; s'entendre à guérir les malades, à instruire les enfants, à former des instituteurs; et avec tout cela qu'il pouvait bêcher la terre comme le dernier d'entre nous ?

— Eh bien! où donc et par qui avait-il été élevé? essaya Fortuné comme pour se remettre en faveur?

— Où donc? Est-ce que ça pourrait se faire ailleurs qu'à Strasbourg? As-tu jamais entendu parler d'une autre ville que celle-là pour former es jeunes gens? Et par qui? Par son père et sa mère. Le père, un fameux professeur, qui faisait marcher ses enfants au son du tambour. Quand ils se promenaient du côté de Schiltigheim, c'en était une famille. — Avec la mère, simple, économe, un modèle de femme, fait d'après celui des Proverbes.

— Alors, comment se fit-il, hasarda encore Paisible, que papa Oberlin quittât Strasbourg pour venir ici ?

— Que tu es peu rusée! ne comprends-tu pas que M. Stuber, qui avait perdu sa première femme durant un de nos hivers rigoureux, ne se souciait pas de perdre encore la seconde? Il était parti pour Barr, mais le vicaire qu'il nous avait laissé ne s'entendait pas plus que moi à conduire une paroisse. Tout allait de travers.

— Alors, il alla sans doute chez les parents de papa Oberlin pour les prier de laisser venir leur fils ?

— Non, non, mon garçon; quand on a fini ses études, on est comme ceux qui ont appris un métier, on ne veut plus être à la charge de personne. Il se préparait à devenir aumônier du Royal-Alsace, — un beau régiment que celui-là! — et logeait dans une mansarde, en attendant. Il n'avait pas été sans rien faire jusqu'alors; il avait étudié la médecine, appris la manière de soigner les membres, les noms des herbes... Que sais-je encore? il en connaissait plus long que moi.

— Chrétien, dit Paisible, voyant que le bûcheron se taisait, on m'a une fois raconté comment papa Oberlin reçut M. Stuber; c'est si amusant ! répète-le-moi.

Le vieillard s'étonnait sans doute d'être capable de donner tant de mouvement à sa langue, car il fit un effort visible pour satisfaire sa jeune compagne.

— D'abord, papa Oberlin, qui souffrait des dents, ne voulut pas mordre à l'hameçon. Il était étendu sur son lit de camp, entouré de drôles de rideaux: il fallait être lui pour les avoir combinés.

—Quels rideaux? dit Fortuné, répondant, sans s'en douter, au sourire qu'involontairement Chrétien laissait errer sur ses lèvres.

—De papier! Feuilles de papier collées l'une au bout de l'autre! Il faut dire qu'on ne sentait pas le luxe chez lui, ni pour une chose ni pour une autre : une chaise, une table de bois comme les nôtres ; au-dessus de la lampe — car c'était le soir — un petit pot pour chauffer de l'eau, quand le cœur lui disait de se réconforter en trempant une croûte de pain pour son souper.

— A la fin donc, il dit oui? interrompit Paisible qui aimait peu les longueurs.

—Quand il sut que nous étions assez pauvres, assez misérables pour lui donner le plus de travail possible.

— Et l'on fit la route de Waldersbach à Fouday? continua Paisible :

— Oh! oh! on n'y alla pas si vite ; on fit bel et bien la sourde oreille, alors même que, durant plusieurs dimanches, le bon Papa nous expliqua la chose en prêchant sur ce texte : « Aplanissez les sentiers du Seigneur. » On n'entendait pas lorsqu'il disait clairement qu'il fallait sortir de son trou pour aller rejoindre la route départementale de Rothau à Schirmeck.

Finalement, il pensa que mieux vaut, avec certaines gens, prêcher par l'exemple que par la parole. Il prit son domestique de labour — un brave homme que celui-là ! — se rendit à l'entrée du village, et entreprit la route que vous voyez là-bas, dit Chrétien en se détournant pour montrer aux enfants le chemin qui traversait les prairies de la vallée, et avant l'ouverture duquel on n'avait que des sentiers pour aller de l'un à l'autre des principaux villages.

— Les autres y allèrent sans doute aussi? observa Fortuné.

— Pour ça, on ne se pressa pas tant ; on le laissa faire tout un mois, jusqu'à ce qu'enfin mon père eût honte de rester les bras croisés, à regarder le pasteur passer, la pioche sur l'épaule ; un matin il le suivit, puis deux, trois firent de même ; finalement on en compta bien deux cents.

— Bon ! nous y voilà, dit Paisible, la route se fait et le bon Papa se repose !

—Se repose! Tu ne le dirais pas si joyeusement, fillette, si tu connaissais un peu les choses. Était-ce lui, je te le demande, qui pouvait s'en donner du bon temps? Qui donc aurait dirigé tout ce monde; encouragé ces gens, quand, après un accident survenu à l'un d'eux, ils voulaient tous jeter le manche après la cognée? Et la Bruche n'était-elle pas entre Rothau et Fouday, comme aujourd'hui? Ne fallait-il pas construire le Pont-de-Charité, à la place des quelques planches glissantes sur lesquelles on la traversait au risque de se noyer?

— Pont-de-Charité, remarqua Paisible, c'est un nom que j'aime. Est-ce papa Oberlin qui l'a choisi?

— Bien sûr. Il savait donner aux choses et surtout aux gens des noms qui en disaient plus qu'un long discours. Il est vrai que M. Stuber lui en avait donné l'idée, car lui et Oberlin pensaient que ces noms significatifs reçus au baptême devaient sans cesse rappeler à ceux qui les portaient la responsabilité qu'ils leur imposaient.

Chrétien se tut pendant un instant, comme pour réfléchir à ce vieux passé qui redevenait tout jeune, lui semblait-il, en étant ainsi remis en scène ; puis, comme se parlant à lui-même, il reprit :

— Oui, oui, il en a fait de la besogne, ce papa Oberlin ! Mais il faut dire qu'ils étaient à deux... et la voix du vieillard devint basse et mystérieuse en prononçant ces derniers mots.

— Qui, l'autre ? firent les enfants, en regardant autour d'eux d'un air à demi effrayé.

— Voici, poursuivit le bûcheron d'un ton confidentiel, ce que j'entendis, un jour que, revenant de Belfosse, je marchais derrière lui sans qu'il s'en doutât. « Toi et moi, disait-il, nous avons encore bien à faire par ici. » Et comme quelqu'un qui cause à son compagnon, il continua longtemps, parlant tantôt d'un projet, tantôt d'un autre, demandant conseil pour ceci ou pour cela.

— Et vous n'entendîtes pas de voix lui répondre ?

— Non, non, aucune. Je crus d'abord que Jean-Luc Legrand était avec lui, mais il était seul, bien seul, et j'eus beau écouter pour entendre une réponse, quand par moments il se taisait, comme quand on converse à deux, je ne surpris pas le plus léger son.

— Oh! dit Paisible, je pense que c'était Dieu qui lui répondait, mais si bas, si bas, que c'était pour lui seul.

— Ce devait, en effet, être cela, poursuivit Chrétien tout pensif. Dans tous les cas, Celui qui l'aidait était bien puissant et bien avisé, car ils en ont fait du travail parmi nous. Le bon Papa pouvait s'entendre à l'avance pour cela. Quand on songe que nos pères ne savaient pas la langue française, et ne comprenaient qu'à demi ce qu'on leur lisait dans la sainte Bible !

— Ils ne parlaient donc que le patois, ce patois que les vieux aiment tant encore ! fit Fortuné, en se redressant, tout fier du savoir qu'il possédait, lui, comparé à ceux-là.

— Patois de Lorraine, avec des mots allemands par-ci par-là. Et quand je pense à la manière dont nous étions habillés, nourris, logés, non, ce n'était pas comme des chrétiens. Je me rappelle encore la cabane de mon père, perdue dans le fumier et la boue qui l'entouraient... Il n'était pas question de petits jardins de fleurs autour des maisons, comme maintenant, pas plus que de fruits bons à manger. Qu'avions-nous ? Les cerises sauvages qui ne servent que pour le kirsch ; des poires et des prunes, qui me font faire la grimace rien que d'y penser.

— Mais alors, d'où nous viennent, Chrétien, les bonnes grosses prunes que j'aime tant ; les poires dont le jus coule entre mes doigts à mesure que je les mange ; les pommes dont ma mère fait de délicieux beignets ; les grosses cerises noires ou rouges si douces? Dis, Chrétien, d'où viennent tous ces arbres, si beaux au printemps quand ils sont couverts de fleurs, ou en automne chargés de fruits, ou encore en juin quand les cerisiers sont bien garnis? débita Paisible, tout d'une haleine.

— Enfant, sache que, quand un garçon se présentait pour sa confirmation, il devait prouver qu'il avait planté deux arbres fruitiers, les avait greffés et pourrait bientôt en faire goûter les fruits ; oui, rappelle-toi, comme le vieux Chrétien te le dit, que tout ce qu'il y a de bon, d'utile, d'agréable dans nos villages, c'est à Stuber et à Oberlin que nous le devons. Nulle autre part qu'ici on n'entend parler de concours agricoles, de prix, de salles d'asiles, d'écoles dirigées comme les nôtres. Je puis le savoir, moi qui ai tant voyagé.

— Voyagé, vous ?

— Il fallait bien partir, Fortuné, quand tous étaient soldats, sauf le pasteur, le maître d'école et le berger : c'était sous Bonaparte.

Était-ce le souvenir des batailles auxquelles il avait assisté, des fatigues qu'il avait essuyées, qui fit tomber le vieillard dans un accès de rêverie ? Ou n'était-ce qu'un effet de la pipe qu'il venait de rallumer ? Quoi qu'il en soit, son esprit parut errer bien loin de ses petits compagnons de route, qui n'en purent plus tirer que des monosyllabes. Ce ne fut qu'arrivé près du bois des Huttes, à un kilomètre du sommet de la montagne, que se tournant gravement vers eux :

— C'est par ici que je vais ; voilà votre chemin, Dieu vous accompagne, et bien le bonjour.

Ce disant, il disparut dans le petit sentier qu'il venait de prendre.

— Qu'il ferait bon se reposer ! dit Paisible ; je suis si lasse !

— Ce n'est plus la peine de s'arrêter ; tu t'asseoiras là-haut, sur le plateau ; nous n'avons plus qu'à monter un peu pour y être. Je cueillerai bien les pensées seul, ajouta Fortuné en prenant la main de sa sœur, comme pour l'aider à marcher.

Et, solitaires sur le chemin, laissant s'étendre derrière eux le vaste panorama des Vosges dominées par les Donons, les petits allongèrent le pas avec un nouveau courage.

Profitons de ce moment pour les considérer tout à notre aise.

Nous voyons que tous les deux portent bien leurs noms : Rien de plus gai, de plus ouvert que le frais visage de Fortuné, avec ses grands yeux bleus et limpides, qui semblent participer sans cesse au sourire qui caresse ses lèvres; avec ses cheveux bouclés s'harmonisant si bien à son heureuse physionomie. Il est grand et fort pour son âge, et s'appuie sur la branche de noisetier qui lui sert de bâton, plutôt pour son plaisir que pour éviter la fatigue.

Quant à Paisible, nous l'aimons, rien qu'en la regardant, comme son frère. Y a-t-il quelque chose de plus serein que sa douce figure aux contours réguliers, avec ses grands yeux bruns, un peu rêveurs, sa bouche finement coupée, ses traits fins et délicats? Et comme ses belles nattes de cheveux, retombant sur son dos, siéent à son air simple et enfantin !

Donc, la main dans la main, les deux enfants

jettent autour d'eux des regards inquisiteurs, interrogent les fouillis des broussailles, comme la solitude de l'agreste sentier. Un oiseau, sortant du feuillage d'un hêtre rabougri, passa rapidement devant eux. Ils tressaillirent. Pourquoi? c'est qu'ils sont imbus des superstitions qu'Oberlin n'a pas su déraciner.

— J'ai peur, dit tout bas Paisible.

— De quoi? fit Fortuné d'un ton mal assuré.

— De ce gros oiseau et de... de ce que la vieille Sionite racontait l'autre soir, à la veillée.

— Oui, j'y pensais aussi, du chasseur qui là, dans le bois des Huttes, blessa un lièvre.

— C'est que le lièvre n'était pas un lièvre, c'était une femme, une ..... et Paisible frissonna.

— Mais nous ne la verrons pas. Voyons, Paisible, n'y pensons plus; faisons comme la mère qui a toujours prié pour ne rien voir d'extraordinaire, et qui n'a jamais rien vu, dit Fortuné, s'efforçant de prendre un ton décidé.

— Eh bien! — et la voix de Paisible tremblait — quand j'ai trop peur, je récite le passage que Grande Louise m'a appris.

— Lequel ?

— « L'Ange de l'Éternel campe autour de ceux qui le craignent et les garantit. »

— C'est presque une prière, fit Fortuné d'un air pensif. Crois-tu vraiment, Paisible, que Dieu envoie son Ange pour garder les enfants comme nous ?

Grande Louise le dit ; elle ajoute même qu'il y en a un pour chacun de ceux qui aiment le Seigneur et qui sont sages.

— Alors un pour toi, un pour moi ; mais je ne sais si je suis assez obéissant pour cela.

— Oh ! bien, dit-elle d'un ton très-convaincu ; pour aujourd'hui tu l'auras aussi, car le bon Dieu doit être très-content d'enfants qui vont chercher des pensées pour leur sœur malade.

Un bruissement dans les feuilles fit taire Paisible, et de nouveau elle prit un air effrayé.

— Après tout, dit-elle en s'arrêtant, j'aimerais ne pas être venue ici. Fortuné, si nous retournions ; nous serons plus seuls encore sur le plateau.

— Mais les pensées pour Fidélité ? Et la mère, que dirait-elle, elle qui croit que la tisane guérira notre pauvre sœur ?

— C'est vrai, puis Fidélité pleurerait de désappointement. Dépêchons-nous ! Oh! regarde donc comme le brouillard se traîne et descend vers nous.

Fortuné paraissait inquiet : — Il pleuvra peut-être, mais qu'y faire ? Avançons toujours.

Continuant à mettre un pas devant l'autre, quoique avec lenteur, les enfants finirent par arriver au but de leur course, c'est-à-dire sur un plateau de deux lieues de circonférence, et qui ressemble beaucoup plus à une lande aride et inculte qu'à un pâturage.

— Paisible, dit Fortuné en promenant ses regards autour de lui, assieds-toi ici. Il doit y avoir à quelque distance des pensées. J'aurai vite fait notre cueillette, surtout si ce brouillard qui ne me plaît qu'à moitié se dissipe. Le ciel était si rouge au lever du soleil! ce n'est pas signe de beau temps.

— Fortuné, ne t'éloigne pas, répondit-elle, en interrogeant de nouveau l'espace que le brouillard restreignait.

— De quelques pas seulement.

— Mais, Fortuné, j'ai faim, et le pain est dans la hotte que tu emportes.

— Je n'y pensais pas. Tiens ! le voici avec les quartiers de pommes sèches : la moitié pour toi, la moitié pour moi ; je mangerai tout en cherchant les fleurs.

Et, en bon frère, Fortuné laissa à sa sœur la part grossie d'une pomme.

Le jeune garçon était à l'œuvre depuis un moment, humant le brouillard qui s'épaississait, quand soudain il entendit sa sœur pousser des cris de frayeur :

— La voilà ! la voilà ! celle du bois des Huttes ! disait-elle d'une voix affolée.

Jeter sa hotte, et courir à l'endroit très-rapproché où il avait laissé Paisible, fut l'affaire d'un instant.

Il la trouva, les yeux démesurément ouverts, fixés sur le brouillard, qui s'étendait un peu au-dessus d'elle.

— En voici encore une, cria-t-elle avec un effroi redoublé. Mon Dieu ! mon Dieu !

Fortuné regarda dans la direction que lui indiquait la petite et sentit le cœur lui manquer à la vue de deux ombres, qui s'enveloppaient comme d'un cercle lumineux, présentant les couleurs du prisme : le violet en dedans et le rouge en dehors.

— Paisible, n'aie pas peur, essaya-t-il de murmurer, tandis que sa voix s'arrêtait à son gosier. « L'Ange de l'Éternel campe autour de nous », ce sont peut-être les nôtres.

Mais déjà la vision s'effaçait ; semblant se jouer encore quelques instants sur le brouillard, elle disparut, emportée par un rayon de soleil.

Paisible, le visage inondé de larmes, tremblant de tous ses membres, considérait encore l'endroit où avait eu lieu la mystérieuse apparition, et ne prêtait qu'une attention distraite aux paroles rassurantes de Fortuné qui répétait :

— Oui, c'étaient sans doute nos anges, qui ont voulu se faire voir un instant ; Paisible, ce ne pouvait être autre chose ; ils étaient trop beaux avec leur cercle de couleurs.

Qu'était-ce en réalité ? Enfants, je vous entends le demander ; si vous ne l'avez pas deviné, qu'était-ce que ces ombres fantastiques ? Un simple effet d'optique que des savants ont observé dans les montagnes, alors que l'on se trouve un peu au-dessus d'une couche de brouillards, et que le soleil n'est pas élevé sur l'horizon. Qui de vous n'a entendu parler des spectres du Broken ? Le Ban-de-la-Roche fournit aux observateurs plus d'un curieux spectacle météorologique.

Oberlin racontait que, se trouvant un jour sur la Baerhoeh, montagne entre Rothau et Waldersbach, il vit l'ombre de son cheval et la sienne propre se reproduire sur la couche de brouillards, un peu inclinée au-dessous de lui : le tout entouré d'un arc-en-ciel.

Or, voilà comment des faits tout naturels, considérés par des ignorants, donnent lieu à des contes, à des fables, à des légendes, qui rendent redoutables des endroits où, dit-on, on voit toujours, à une heure déterminée, des choses surnaturelles, dont la seule pensée est une cause d'effroi pour les enfants et les gens crédules.

— Partons, allons-nous-en, Fortuné, disait Paisible au milieu de ses larmes.

— Non, sœurette, cela ne se peut pas ; je n'ai cueilli de pensées que plein le creux de ma main. On se moquerait de nous si nous retournions à vide. Répète ton verset, et tu n'auras plus peur.

— Je ne resterai plus seule. Oh ! Fortuné, s'ils allaient revenir ! Laisse-moi t'aider afin que nous soyons vite prêts.

Ils se mirent de nouveau à la recherche de fleurs, mais Paisible n'en trouvait pas. Elle se sentait épuisée par la fatigue de sa course matinale, et plus encore par l'émotion ; elle finit par se laisser tomber près d'un buisson.

— Je n'en puis plus, Fortuné !

— Je te crois bien, fit le garçon avec une légère impatience ; les filles, ça n'est pas bon pour voyager, ça tremble comme les feuilles à la moindre chose. Repose-toi donc, ou tu ne pourras pas redescendre.

Était-ce pour obéir que Paisible appuya sa tête sur le gazon rude et grossier? ou la pensée de ne pouvoir retourner à la maison la détermina-t-elle à prendre cette position ? Je croirais volontiers que c'était pour pleurer à son aise.

Quand Fortuné, après des recherches souvent infructueuses, revint près de Paisible, il la trouva endormie. Son visage gardait les traces des larmes qu'elle avait versées, mais il avait repris ce calme confiant qui lui était habituel.

Il s'assit près d'elle, tout songeur, la contem

pla quelques instants, bâilla, puis laissa tomber sa tête à côté de celle de sa sœur, presque sans s'en douter, et voilà nos deux amis partis pour le pays des rêves, et reposant sur le sol rocailleux du Champ-du-Feu, et sous le ciel du bon Dieu, au milieu du profond silence de ces lieux déserts.

Combien de temps dormirent-ils ? C'est ce qu'ils n'auraient pu dire. Fortuné s'éveilla à moitié transi, poussa Paisible qui, à son tour, ouvrit les yeux, étendit ses membres engourdis par l'humidité du brouillard épais qui les enveloppait complétement. Tout horizon avait disparu.

— Où sommes-nous ? fit la fillette, jetant autour d'elle des regards éperdus.

Fortuné ouvrit des yeux non moins étonnés, puis se souvint :

— Au Champ-du-Feu ; mais quel brouillard ! Comment ai-je pu dormir ? Paisible, pourrons-nous retrouver le chemin ? On ne voit pas à dix pas devant soi. Voyons, ne te décourage pas ; nous n'en étions pas très-éloignés quand je me suis assis à côté de toi. Lève-toi vite ; nos vêtements sont tout mouillés ; il faut marcher pour nous réchauffer.

— Allons donc ! si on s'appelle encore Fortuné, on s'orientera, poursuivit le jeune garçon
d'un ton qui ne cachait qu'à moitié l'inquiétude
qui s'emparait de lui. C'est à l'ouest qu'il faut
aller, mais on n'aperçoit pas trace de soleil ; pas
moyen de s'y reconnaître ; c'est égal, le couchant doit être de ce côté-là.

Paisible avait bien de la peine à retenir les
nouvelles larmes qui menaçaient de tomber
abondamment. Certaines fillettes, bonnes filles
du reste, ne savent guère faire autre chose pour
sortir de leurs détresses. C'est que, pour Paisible,
être perdue au Champ-du-Feu, c'était quelque
chose de terrible. Elle avait tremblé quand des
enfants, qui étaient allés chercher des champignons sur la Baerhoeh, lui avaient raconté qu'ils
avaient erré longtemps, longtemps, dans le
brouillard, avant de retrouver la route de la
maison.

Pourraient-ils jamais la découvrir, eux, égarés
sur ce plateau qu'ils connaissaient à peine ?

Dans sa profonde angoisse, la petite se souvint du Dieu qui voit tout, qui sait tout, de
Celui qui recueille les larmes des enfants, aussi
bien que celles des vieillards, et une prière

monta doucement de son cœur, au travers du brouillard, jusqu'au trône de ce Dieu tout puissant ; elle reprit courage pour suivre son frère qui, de ce pas rapide que donne la recherche d'un objet perdu, arpentait la lande du plateau.

On fit des marches, des contre-marches sans découvrir le sentier voulu, puis Paisible s'écria :

— Nous voici près du même buisson où nous avons dormi, je le reconnais à ce morceau de papier qui était au fond de ta hotte, et que nous avions laissé là.

Fortuné frissonna.

Seraient-ils donc enfermés dans un cercle magique, infranchissable ? Mais non, non, pas de ces idées !

Il se secoua comme pour chasser ce doute, et reprenant la main de sa sœur avec un nouvel élan, il l'entraîna à pas précipités dans la direction qui, pour cette fois, lui semblait être la bonne.

— Nous verrons bien à qui nous avons affaire ! cria-t-il d'une voix qu'il cherchait à rendre retentissante et terrible, mais qui tremblotait à chaque syllabe.

— A qui nous avons affaire ! répéta l'écho de sa voix mystérieuse.

— Fortuné, Fortuné, murmura Paisible, saisie de nouveau d'un tremblement convulsif, il n'y a plus d'espoir qu'en Dieu. Ne pourrais-tu donc pas dire une prière pour des enfants perdus ?

— Non, je n'en connais point qui se récite.

Le jeune garçon, convaincu que pour la troisième fois ils se retrouvaient au même endroit, s'était affaissé sur un roc, l'œil fixe, le visage décomposé.

— Si tu n'en connais pas, ni moi non plus, poursuivait Paisible, qui puisse se dire à haute voix, répétons : « Notre Père. »

La voix, d'abord mal assurée des deux enfants, s'éleva timidement, puis, comme en notes perlées, se termina dans un accent plein de confiance.

Un silence suivit.

— Si nous pouvions faire du feu, dit doucement Paisible, cela nous réchaufferait, et qui sait s'il ne dissiperait pas un peu le brouillard ; le soleil le fait bien ?....

La petite ne paraissait cependant pas très-sûre de la justesse de cette dernière idée.

Quoi qu'il en soit, la pensée parut lumineuse au frère, qui, se ranimant, prit son couteau.

— Oui, mais point de pierre à feu, point d'amadou, fit-il.

— Si tu avais un peu de ficelle, tu essayerais de faire tourner rapidement un morceau de bois appointé au deux bouts, après l'avoir placé entre ces deux branches sèches.

Fortuné chercha dans sa poche, une de ces merveilleuses poches de garçons renfermant l'impossible.

— Voici, dit-il d'un ton triomphant, un bout de ficelle. Prépare quelques broussailles, quelques feuilles sèches ; bientôt nous aurons du feu.

Mais, hélas ! les plus vigoureux efforts furent infructueux ; et pourtant, le père était si souvent venu à bout de faire du feu comme cela !

Impatienté, le garçon jeta la ficelle et le bois loin de lui.

— Paisible, c'est fini, fini ! nous ne réussirons à rien aujourd'hui. La nuit arrivera ; alors que ferons-nous ?

— La nuit, dit la petite, sentant toutes ses

angoisses renaître, la nuit au Champ-du-Feu !
Mais, Fortuné, au matin nous serions morts de
froid, de faim, de peur surtout.

— Oui, cela est bien certain, et quand le père
viendrait à notre recherche, avec les hommes
du village, ils nous trouveraient dans les bras
l'un de l'autre, — tu sais comme dans la poésie
que nous récitions à l'école,—répondit Fortuné
avec un sérieux qui aurait été comique dans
tout autre moment.

La poésie en question avait tellement ému
Paisible, elle s'en souvenait bien, qu'elle avait
dû se moucher plusieurs fois en la récitant, et
que les garçons avaient même prétendu qu'elle
avait de grosses larmes sur les joues.

Pour le présent, son épouvante recommença
de plus belle ; elle croyait déjà être à ce moment
terrible où le père se baissant, disait : Ils sont
morts !

— Ne crois-tu pas que la mère monterait aussi
pour nous chercher? reprit-elle tristement.

— Tu sais qu'elle ne peut pas quitter longtemps Fidélité ; elle se tiendrait sur le chemin
quand les hommes redescendraient et.... et elle
verrait...

Paisible n'y tint plus :

— Mon Dieu! mon Dieu! tu sais qu'elle aurait trop de chagrin! Viens à notre aide, pour l'amour de Jésus, soupira-t-elle.

Soudain le soleil perça le brouillard; l'horizon se découvrit à leurs regards : le Rhin, se déroulant comme une immense pièce de toile, apparaissait dans la plaine d'Alsace; le pays de Baden, avec la forêt Noire, s'étendait devant eux; la cathédrale de Strasbourg élevait vers le ciel la flèche de son haut clocher; on devinait même aux confins du vaste panorama les sommets neigeux de la Suisse.

C'était le côté de la montagne opposé à celui par lequel ils étaient venus.

Mais eux, oubliant qu'ils étaient à l'opposite du chemin par lequel ils devaient rentrer chez eux, s'écrièrent :

— Nous sommes sauvés!

— Je pense, ajouta Paisible. que quand on se réveille au ciel, c'est beau comme cela.

— Oui, mais le chemin, le chemin de la maison, où est-il? Il doit bien être trois heures, le soleil descend déjà vers le couchant, et la mère regarde depuis longtemps du côté de Belmont.

Ce qu'il y a de bon, cependant, continua Fortuné en reprenant le ton confiant qui lui était habituel, c'est que nous ne sommes plus perdus, et, si on ne peut retourner à Waldersbach, on ira à Barr, que voilà. J'aime mieux cela que de dormir dans le brouillard.

Cette conclusion ne plut qu'à moitié à la fillette, car on lui avait assuré qu'il y a cinq lieues du village à la ville qu'ils apercevaient.

—Aller à Barr ! cela ne se peut pas, Fortuné ; chez qui coucherions-nous ? Et d'ailleurs, la mère serait trop inquiète. Toi, qui sais tant de choses, oriente-toi, comme tu le disais il y a un moment ; voilà le soleil qui te guidera.

— J'y suis, dit Fortuné, se plaçant en face de l'astre : le levant à ma gauche, le couchant à ma droite, on ne peut s'y tromper ; dans une heure ou deux, Paisible, nous serons chez nous.

— Pour être plus sûrs, dit timidement la petite, si nous faisions comme Chrétien nous a raconté qu'Oberlin s'y prenait.

—Comment ?

— Dire : « Toi et moi ! » pour chercher le chemin.

Fortuné ne répondit pas, mais baissant la tête, il marcha quelques instants en silence. Peut-être faisait-il encore une invitation à l'être invisible toujours prêt à nous venir en aide ; les garçons ne disent pas chaque fois qu'ils prient.

— Écoute ! dit-il tout à coup.

Paisible allait demander quoi, quand une femme parut à quelque distance, gravissant un sentier escarpé, en s'aidant d'un bâton. Elle portait comme Fortuné une hotte sur son dos. Ses cheveux blancs étaient encadrés du bonnet des Ban-de-la-Rochoises ; son visage avait cette expression de douceur et d'intelligence que l'on remarque en général parmi les femmes de ce pays.

— C'est Délivrance, de la Hutte, fit Paisible.

La vieille s'était arrêtée pour reprendre haleine, quand, apercevant les petits, elle les considéra quelques instants.

— Est-il possible, dit-elle en levant les bras au ciel, est-il possible que ce soient les enfants de Charité, seuls au Champ-du-Feu ?

— Oui, c'est nous, s'empressa de répondre Fortuné, nous qui sommes venus cueillir des

4

pensées pour la tisane de Fidélité, et qui nous sommes perdus dans le brouillard.

— Alors, aussi vrai que je m'appelle Délivrance, Dieu m'a poussée à partir de Barr plus tôt que je ne l'avais pensé, sans doute pour vous remettre au bon chemin.

— Venez, venez, continua-t-elle, en prenant la main de Paisible, dans une demi-heure vous pourrez vous reposer chez moi.

Tout en cheminant, les enfants qui, dans leur joie, oubliaient la fatigue, racontaient à la bonne femme leur étrange vision.

Paisible ajouta : — Fortuné croit que c'étaient nos anges.

Délivrance s'arrêta, appuyée sur son bâton, regardant alternativement le frère et la sœur.

— Je n'y comprends rien, fit-elle ; mais, après tout, Fortuné peut avoir raison. Jacob en a bien vu toute une échelle. Il en est qui croiraient que c'était toute autre chose que cela. Enfants, il ne faut pas en parler, et attendre que nous soyons au ciel pour connaître tous les mystères de la terre. Mme R.... la fille de papa Oberlin, que j'ai quittée ce matin, m'a bien exhortée à fermer les oreilles à tous les contes qui se débitent chez nous, et qui ne sont propres qu'à nous ôter toute confiance en Dieu, à nous empêcher de nous mettre sous ses ailes, la nuit et le jour.

Le ciel était redevenu serein, les oiseaux chantaient sur les branches des hêtres et des sapins, le soleil avait dissipé toutes les vapeurs ; le cœur des deux enfants était léger comme le vol du papillon qui se posait sur les fleurs, car ils se sentaient dans le chemin qui devait les conduire à la maison paternelle.

Ils ne peuvent plus se perdre !... Ah ! enfants, qui me lisez, vous que j'ai vus tristes, angoissés · en les sentant loin de la bonne route, vous vous associez à leur joie. Et cependant, n'y en aurait-il pas parmi vous que la désobéissance, ou un péché quelconque, ou seulement l'insouciance, — comme ce fut le cas pour Fortuné et sa sœur, — aurait éloignés, perdus loin de la route du ciel, de la demeure du Père céleste ? Demandez-vous si votre âme n'est pas errante dans un brouillard...

— Apercevez-vous les ruines du château la Roche ? disait Délivrance en désignant du doigt le manoir en ruines qui a donné son nom à toute la contrée.

— Oh ! je le connais bien, répondit vivement Fortuné, l'an passé je suis allé pour chercher des plants de pervenche au pied des murs, car ma mère voulait en faire des bordures.

— Tu n'es pas allé jusque-là, se hâta de dire Paisible, tu avais trop peur des trois sœurs.

— J'y serais bien arrivé, fit-il un peu piqué, mais qu'avais-je besoin d'y aller, puisque la fermière qui demeure tout près m'a donné, de son propre jardin, des plantes bien plus vigoureuses que celles que j'aurais pu trouver ?

— Les trois sœurs ! Je connais ton idée, Paisible, tu crois que ces princesses étaient des sorcières. Du tout, ma petite. Voici ce que m'en a raconté M\ :superscript:`me` R... Elles vivaient, il y a sept à huit siècles, dans leur château bien fortifié, faisaient dépouiller les voyageurs qui passaient à leur portée, et exerçaient toute espèce de brigandages.

— C'est que, interrompit Paisible, Sionite ne raconte pas comme cela, elle dit que...

Fortuné la poussa du coude pour la faire taire.

— Elle dira ce qu'elle voudra, reprit Délivrance, il n'y avait en elles rien d'extraordinaire que leur méchanceté, méchanceté telle qu'il fallut que les seigneurs de Schirmeck et de Colleroy-la-Roche vinssent les surprendre à l'aide d'un brouillard — semblable à celui qui vous a enveloppés aujourd'hui — pour débarrasser la contrée de ce terrible entourage. L'une des sœurs célébrait justement ses fiançailles avec un seigneur des environs ; triste fête, qui se termina par l'emprisonnement des trois méchantes femmes, auxquelles on mit les fers aux pieds. Rebâti plus tard, le château servit encore de retraite à des seigneurs sans foi ni loi, vrais brigands qu'ils étaient. Le dernier, Gérothée Rathsamhausen, fut obligé de se rendre, après que les Strasbourgeois eurent bombardé ce repaire pendant huit jours. Alors le château la Roche fut démoli pour toujours, tel que vous le voyez, et le corps du dernier seigneur déposé dans l'église de Fouday. Voilà toute l'histoire, fit Délivrance, comme vous pourrez la raconter à ceux ou celles qui vous en fabriqueront une autre.

— Mais nous voici à la Hutte, et voilà ma petite chaumière. Entrez, entrez, quand on est chez Délivrance on est chez soi. Vous allez bien vous reposer avant de redescendre ; puis j'ai là, pour le repas du soir, du fromage blanc. Avec un peu de patience, nous y ajouterons du *har*. Le cœur ne vous en dit-il pas ?

Ce *har*, — mets bien connu des enfants, — consistait en pommes de terre bouillies dans l'eau, que l'on ôte avant l'entière cuisson, pour les rendre plus sèches.

— Oh oui ! nous serons bien contents, car nous avons très-faim, et il doit faire si bon dîner ici, dans cette petite chambre si claire, si propre ! dirent les enfants.

— Eh bien ! gagnez-le, votre dîner, en m'aidant à peler les pommes de terre.

Ils ne se le firent pas dire deux fois : Fortuné tira son couteau ; Paisible prit celui que lui tendait Délivrance et, avec cette dextérité qu'ont les enfants du Ban-de-la-Roche pour une occupation semblable, ils eurent bientôt fait.

— Quand j'y pense, dit Délivrance en mettant les pommes de terre dans une marmite, je ne puis y croire.

— A quoi ? firent les enfants.

— A ce que je répondis ce jour que papa Oberlin vint me trouver dans mon jardin.

Les yeux des petits disaient :

— Et après ?

— Tu jardines, Délivrance ? me dit-il.

— Oui, oui, papa Oberlin, et il faut bien que je vous dise que j'ai goûté de toutes les herbes de mon jardin, — des nouvelles et des anciennes, — toutes me contentent, sauf celle-ci qui restera mon maître, car je ne puis l'avaler. Non, je ne le puis !

— Laquelle ? fit-il en souriant un peu.

— Laquelle? papa Oberlin, cela n'est pas malin ; celle dont vous dites tant de bien et qui doit remplacer le pain dans les mauvaises années.

— La pomme de terre ! Alors, il hocha la tête, comme il le faisait quand quelque chose ne lui allait pas.

— Délivrance, — et son ton était sévère — je souhaite que tu n'aies pas assez de tes vieux jours pour remercier Dieu qui a permis qu'on nous l'apportât du Chili.

Comme le temps passait à écouter la bonne Délivrance, à se régaler des tubercules fumants et dorés, le soleil descendait rapidement à l'occident, et cependant ni Fortuné, ni Paisible, ni Délivrance, — les vieillards sont parfois comme les enfants,—ne paraissaient se mettre en souci ; ils étaient comme inconscients de l'inquiétude de la mère qui, plusieurs fois déjà, était allée à la sortie du village jusqu'au Chêne, voir si ses enfants ne descendaient pas le versant de la montagne.

—Philémon, je t'en prie, dit-elle à son mari, qui, la pioche sur l'épaule, s'était arrêté pour examiner un petit champ de lin, à peu de distance de sa demeure, je t'en prie, va jusqu'à Belmont, à la rencontre des petits. Je ne puis supporter de ne pas les voir revenir.

Il regarda sa femme, puis le soleil, puis la montagne.

—Ils ne peuvent être perdus ; ils reviendront ; ils reviendront ! Les femmes, ça se tourmente toujours. Et sans user de plus de paroles, il continua son chemin.

La mère fit quelques pas, indécise sur ce qu'elle avait à faire.

— Si je monte à Belmont, il faudra peut-être aller les chercher jusqu'à la Hutte, et qui sait s'ils ne sont pas tombés là-haut du côté où il y a des rochers. Eh ! que ferait Fidélité pendant tout le temps que je serais absente ?

Cette pensée lui donna une telle angoisse, qu'elle appuya la main sur son cœur :

— Seigneur, mon Dieu ! ne vois-tu pas comme je suis inquiète ?

Oui, je le sais, aussi « confie-toi de tout ton cœur en l'Éternel, » sembla lui dire une voix intérieure, car « tout ce que vous demanderez au nom de Jésus, il vous l'accordera. » Elle réfléchit quelques instants :

— C'est vrai, dit-elle, il faut remettre mes enfants au bon Dieu, car je vois bien que par mes soucis je ne les fais pas arriver. Il sait où ils sont et me les ramènera.

La foi prenait le dessus, aussi le calme se fit insensiblement en elle, et quand, de son lit, Fidélité lui demanda :

— Maman, viennent-ils ?

Elle répondit :

— Je ne les ai pas vus encore, mais tout à l'heure, je le crois, le Seigneur les ramènera.

En effet, le soleil venait de disparaître quand Fortuné, suivi de Paisible, entra dans la chambre de la malade.

— Voici les pensées, Fidélité ; tu trouves sans

doute qu'il n'y en a guère; mais nous nous sommes perdus dans le brouillard....

— Et encore, interrompit Paisible, qui voulait avoir sa part dans les récits à faire, cela n'était rien en comparaison des grandes ombres que nous avons vues. Fidélité, tu en serais morte de frayeur.

— Mais, fit Fortuné, tu sais que Délivrance a dit de ne pas le raconter.

— Peut-être n'est-ce qu'à Sionite, répondit la petite à laquelle la langue démangeait.

La mère, tout comme le père qui venait d'entrer, se fit dire et répéter la merveilleuse histoire, puis chacun énonça sa petite supposition.

— Quant à moi, ajouta Paisible comme pour conclure toutes les réflexions qui venaient d'être faites, à l'avenir je n'irai pas seule au Champ-du-Feu, et quand il faudra traverser la Baerhoeh ou un autre endroit où l'on n'aime pas à aller, je dirai toujours comme papa Oberlin : « Toi et moi, mon Dieu. »

— Bien, bien, dit la mère, je suis heureuse que Chrétien vous ait donné une si bonne leçon. J'ai aussi eu la mienne ce soir.

— Ta leçon ? firent les trois enfants.

— Mais oui, dit-elle comme gênée pour raconter ce qui s'était passé en elle; il m'en reste ceci : « Déchargez-vous sur Dieu de tous vos soucis. »

— Et pour moi, n'y en aura-t-il point ? demanda Fidélité toute pensive. Les pensées et le pain d'épice surtout, que Fortuné m'a remis de la part de Délivrance, sont de bonnes choses, mais.....

— Tu as de plus ton nom, ma fillette, dit la mère tout émue, qui te demeure toujours comme une sentinelle, pour te rappeler un des mots d'ordre du Seigneur Jésus : « Sois fidèle jusqu'à la mort, et je te donnerai la couronne de vie. »

— Ainsi soit-il ! fit le père, debout sur la porte, en ôtant son bonnet.

— As-tu entendu cet oiseau chanter sur les branches du grand cerisier? disait quelques semaines plus tard Fortuné à sa sœur Paisible.

— Oui, il avait une voix si plaintive; puis ce n'est pas la saison où chantent les oiseaux, il annonçait sans doute que Fidélité, qui est de plus en plus malade, va bientôt partir pour le ciel.

En effet, — non parce que l'oiseau avait chanté, mais parce que, ni les pensées du Champ-du-Feu, ni les tendres soins de la mère n'avaient pu guérir la jeune fille que Dieu rappelait à Lui, Fidélité vit, le jour même, s'ouvrir devant son âme, rachetée par le sang du Sauveur, les portes de la Cité sainte.

Son corps, frêle dépouille, fut déposé dans le cimetière de Waldersbach, et c'est là que souvent, en arrosant les fleurs, que la mère avait plantées sur le petit tertre, Fortuné et Paisible parlaient, mais tout bas, de ce qui leur était arrivé au Champ-du-Feu, et aimaient à répéter les paroles d'Oberlin : « Toi et moi, mon Dieu ! »

Imprimerie D. Bardin, à Saint-Germain.